Made in the USA
Las Vegas, NV
22 October 2022

57896711R10070